Die Regeln des Anstands

der Höflichkeit und der guten Sitte

Ignaz Lehmann

Alpha Editions

This edition published in 2022

ISBN : 9789356708969

Design and Setting By
Alpha Editions
www.alphaedis.com
Email - info@alphaedis.com

Contents

Einleitung.

Die wahre Bildung ist die **Herzensbildung**, die wahre Höflichkeit entspringt aus der **Herzensgüte** und ihr Hauptgrundsatz ist: „Was Du nicht willst, daß man Dir thue, das füge Du auch Andern nicht zu.”

Die Menschen haben einander nöthig und die Zwecke des menschlichen Lebens können nur in der **Geselligkeit** erreicht werden. Am glücklichsten und frohesten wird das gesellige Leben da sein, wo man die Regeln des Anstandes, der Höflichkeit und der guten Sitte am besten beobachtet, denn sie erzeugen Achtung und Zuneigung, erhalten Friede und Ordnung, und können daher nicht früh genug gelehrt und ausgeübt werden. Die wahre Höflichkeit verträgt sich ganz gut mit republikanischer Einfachheit und Würde.

Erstes Capitel.
Zu Hause und am eignen Körper.
Was fordert Höflichkeit, Anstand und gute Sitte zu Hause?

1. Glaube nicht, Anstand und gute Sitte blos in Gesellschaft beobachten zu müssen; es ist sehr nöthig, sich auch zu Hause, selbst beim Alleinsein, daran zu gewöhnen; denn unwillkürlich und ohne daran zu denken, übt man vor Andern, was man sich gewöhnt hat zu thun, wenn man allein ist und wie in Allem, wird auch hier die Gewohnheit zur zweiten Natur.

2. **Gewöhne Dich früh aufzustehen!** „Früh zu Bette und früh wieder auf, das ist der beste Lebenslauf" — für Deinen Körper, für Deinen Geist und für Dein Geschäft. Sieben Stunden Schlaf genügen dem gesunden Menschen vollkommen. Wasche Dich — zu jeder Zeit — mit frischem Wasser bis an den Gürtel, kleide Dich rasch an, und vergiß dann nie, **Deine Eltern oder deren Stellvertreter zu begrüßen**. Dasselbe thue beim Schlafengehen.

3. In Deinem Zimmer, in allen Deinen Sachen, Büchern, Kleidern **halte die größte Reinlichkeit und die pünktlichste Ordnung**. Unreinlichkeit und Unordnung im Aeußern verrathen auch einen unordentlichen Geist und erregen in der Gesellschaft Ekel und Widerwillen gegen Dich. Beschmutzte und zerrissene Bücher und Hefte sind eines braven Schülers aus einer guten Familie unwürdig.

4. Man kann sehr schöne, reiche **Kleider** anhaben und doch schlecht gekleidet sein, während man mit sehr einfachen Kleidern aus groben Stoffen recht anständig erscheinen kann. Jeder mag sich nach seinem Vermögen kleiden, aber Niemand darf **unreinlich** sein. Sorge dafür, daß Deine Kleider stets rein, ohne Schmutzflecken und ohne Risse seien. Es ist lächerlich, wenn junge Leute zu früh den „kleinen Herrn" spielen, eine Zierpuppe sein, alle Moden mitmachen wollen. Mit **weißer Wäsche und reinen Stiefeln** ist man immer geputzt und kann überall erscheinen. Selbst beim heißesten Wetter erscheine nicht halbgekleidet, mit offener Brust, barfuß.

5. Deinen **Kopf** halte stets gerade, nicht steif noch weniger drehe ihn wie eine Wetterfahne. Nie benütze den Kopf zum Bejahen oder Verneinen oder Geberden des Widerwillens etc. damit zu machen. In

der Gesellschaft ist es unhöflich, **irgend einen Körpertheil mit den Händen zu berühren**; den Kopf in die Hand zu lehnen oder sich gar daran zu kratzen, mit den Händen in den Haaren herumzufahren, wäre unanständig. Die Haare halte besonders rein, wohl gekämmt, mit Pommade ja nicht überladen.

6. Dein **Gesicht** sei heiter, weder immer lachend wie ein Thor, noch streng und affectirt. Es wäre beleidigend, mit Leuten, die in tiefem Ernst und Trauer sind, einen überlustigen Ton anzustimmen oder mit kalter und gleichgültiger Miene Jemandem eine üble Nachricht zu hinterbringen, so wie es anderseits unanständig wäre, in fröhlicher Gesellschaft ein ernstes, nachdenkliches Gesicht zur Schau zu tragen. Bei angesehenen Leuten zeige das Gesicht Achtung, aber nicht jene große Schüchternheit, die ein linkisches, albernes Aussehen gibt; für seine Freunde habe man stets ein fröhliches Gesicht, und gegen Dienstboten sei man nicht zu vertraulich, da dieß leicht mißbraucht wird.

7. Die **Stirne** runzeln gibt ein hochmüthiges Ansehen, die **Schultern** zucken ist eine unanständige Bewegung, die **Zunge** zeigt kein höflicher Mensch, mit den Fingern in die **Ohren** greifen ist in Gesellschaft nicht erlaubt.

8. Die **Augen** sind der Spiegel der Seele; darum sei Dein Blick stets heiter, sanft, offen und bescheiden. **Mit Jemandem sprechen ohne ihn anzusehen, ist sehr unhöflich**; auch wenn Jemand mit Dir spricht, blicke ihn an. Aber Jemanden steif anstarren, ihm nachblicken, ihn über die Schulter ansehen, ein Auge zudrücken **oder gar mit dem Finger auf Jemanden deuten**, wäre eine große Ungezogenheit. Lasse Deine Augen nicht frech umherschweifen, aber eben so wenig halte sie stets zur Erde gesenkt, als habest Du ein böses Gewissen und wagtest nicht, den Leuten offen in's Gesicht zu sehen.

9. Jede freiwillige Bewegung der **Nase** ist eine Unhöflichkeit. Mit den Fingern darin zu grübeln, ist eine Unreinlichkeit und für Alle, die es sehen, unausstehlich, auch schädlich. Allerdings muß man die Nase putzen, so oft es nöthig ist, allein dabei alle mögliche Vorsicht anwenden, um diese an sich unangenehme Handlung in Gesellschaft nicht Ekel erregend zu machen. Also: habe immer ein reinliches Taschentuch, falte es nicht mit lächerlicher Wichtigkeit weit auseinander, **mache kein großes Geräusch mit der Nase**, blicke nicht in Dein Taschentuch, behalte es nicht in der Hand und lege es

noch weniger umher. Auch beim **Nießen** mache so wenig Geräusch als möglich. Dem Nießenden sein Compliment zu machen, „Gesundheit" zu wünschen, ist nicht mehr Sitte.

10. **Mund** und **Zähne** halte besonders rein, um den übeln Athem zu vermeiden. Fülle beim Essen den Mund nicht an, daß Du kaum zu athmen vermagst. Stochere nie mit Nadeln, Messern oder Gabeln in den Zähnen. Beiße nicht auf die **Lippen**, nage nicht an den **Nägeln**. Vermeide **sorgfältig** beim **Sprechen**, die Personen mit Deinem Athem zu berühren oder gar mit Speichel zu bespritzen. Sprich nicht so leise, daß man angestrengt horchen müßte, Dich zu verstehen, allein lächerlich, anmaßend und unanständig ist es, **mit schreiender Stimme überlaut zu sprechen oder beim Sprechen mit den Händen etc. zu gesticuliren**. Alles Affectirte ist besonders im Sprechen widerlich und gerade im schönen, reinen und richtigen Sprechen muß sich die genossene Bildung und gute Erziehung am ersten zeigen. In Gesellschaft **gähnen** ist sehr unanständig; mußt Du es durchaus, so geschehe es so unbemerkt als möglich mit vorgehaltener Hand oder verlasse das Zimmer. Beim **Husten** wende Dich ab und bedecke den Mund mit der Hand oder mit dem Taschentuch, bei Tische mit der Serviette. **Spucken** mußt Du nur in Dein Taschentuch, nie zum Fenster hinaus, nie auf den Boden (ausgenommen auf der Straße). Es ist ungezogen in Kaufmannsläden, in Gegenwart Anderer, so wie in Gesellschaft, besonders von Damen, zu pfeifen.

11. Die **Hände** wasche sorgfältig nicht blos am Morgen, sondern auch während des Tages mehrmals, mit Seife, vor und nach Tische, immer wenn Du irgend etwas nicht ganz Reines berührt hast. Mit schmutzigen oder mit Dinte befleckten Händen in Gesellschaft oder gar bei Tische zu erscheinen, ist unhöflich. Es verräth großen Mangel an Lebensart, alles Neue oder was uns auffällt, **in die Hände zu nehmen**. Die Hand reichen darf man nur Personen, mit denen man sehr genau bekannt oder befreundet ist. Freunden reicht man aber nur die bloße Hand, nachdem man die Handschuhe abgezogen hat. Angesehenen Personen reicht man die Hand nicht. Die Finger knacken lassen, sich die Nägel in Gegenwart Anderer schneiden, das thut kein wohlerzogener Mensch.

12. Die **Haltung** des ganzen Körpers ist von hoher Wichtigkeit. Eine schlechte Haltung ist fast immer das Zeichen einer mangelhaften

Erziehung oder großer Nachlässigkeit, und verletzt die Höflichkeit und den Anstand, so daß junge Leute nicht frühe genug darauf bedacht sein können, sich eine gute und anständige Haltung anzugewöhnen. Eine solche Haltung muß bescheiden und zurückhaltend und doch leicht und natürlich sein. Die Nachlässigkeit und das Sichgehenlassen deutet auf Trägheit und Leichtsinn, auf gemeine Gesinnung und Unkenntniß des Schicklichen, während steife und affectirte Haltung junge Leute lächerlich macht, und sie dumm oder hochmüthig erscheinen läßt. Vorzüglich zu empfehlen ist das **Turnen**, welches sehr viel zu einer guten Haltung beiträgt.

a) Im **Stehen** halte Dich gerade, den Kopf weder gebeugt noch aufgeworfen, den Rücken nicht gewölbt. Lehne Dich nie nachlässig an die Wand, an ein Möbel oder gar an den Stuhl, worauf Jemand sitzt; die Arme hängen leicht herunter und **die Füße seien bei der Ruhe und bei der Bewegung immer auswärts**, d. h. an den Fersen näher beisammen, an den Fußspitzen weiter auseinander.

b) Im **Gehen** schlenkre nicht stark mit den Armen, wiege den Körper nicht rechts und links, schweife nicht mit den Augen nach allen Seiten, gehe nicht zu schnell, noch weniger allzu langsam.

c) Im **Sitzen** strecke nicht die Beine lang von Dir, ziehe die Knie weder zu sehr ein, noch halte sie zu weit auseinander, stütze Dich nie darauf, stelle die Füße nicht auf die Querstrebe der Stühle. Sitze gerade, nicht gebeugt; lasse die Arme nicht schlaff herunterhängen, was ein albernes Aussehen gibt. Setze Dich nicht auf die äußerste Spitze des Stuhles, noch weniger lehne Dich nachlässig an den Rücken zurück oder breite Dich weit aus. Sehr unhöflich ist es, sich auf einem Stuhle zu schaukeln. Lege den Arm nicht auf Deine Stuhllehne oder die Deines Nachbars. Wähle nicht den besten Stuhl, Armsessel, den bequemsten Platz. Wenn Andere sitzen, sitze auch, und wenn die Gesellschaft steht, bleibe nicht sitzen. Hüte Dich beim Sitzen viel zu gesticuliren, sei lieber **zu** ruhig als **zu** beweglich.

Zweites Capitel.
Auf der Straße und öffentlichen Plätzen.

Hat man zu Hause oder beim Alleinsein schon das nachlässige Sichgehenlassen zu meiden, auf seine Haltung und sein Benehmen wohl zu achten, so wird man in der Oeffentlichkeit um so mehr die gute Sitte und den Anstand wahren und sich den Regeln der guten Gesellschaft gemäß betragen.

1. **Grüße alle Bekannte!** Höfliche und gebildete Leute suchen mit ihrem Gruße dem Begegnenden zuvorzukommen. Ludwig XIV., der stolzeste König von Frankreich, begrüßte die dienenden Frauen, wenn er ihnen im Schlosse begegnete. Einen Gruß aus Stolz versagen oder nicht erwiedern, zeigt einen einfältigen beschränkten Geist. Auf dem Lande und an einsamen Orten ist es sogar Gebrauch, auch Unbekannte zu begrüßen. Geht man mit Gesellschaft und diese grüßt, so ahmt man ihr Beispiel nach und grüßt ebenfalls.

2. **Mußt** Du auf der Straße, auf einer Treppe, im Hofe Jemanden hindern oder geniren, so trete höflich bei Seite, grüße, bringe ein Wort der Entschuldigung vor. Sieh' den Vorübergehenden nicht starr an oder nach, deute nicht mit dem Finger nach ihm.

3. Der **Gruß** richtet sich nach der Person; er ist achtungsvoll gegen einen Höhern, herzlich gegen Freunde, wohlwollend gegen Niederstehende. Man nimmt Hut oder Mütze in Amerika nicht ab, berührt auch nicht die Kopfbedeckung mit der Hand wie ein Bedienter, beugt aber den Kopf mehr oder weniger. Mit einem Fuße nach hinten ausscharren, ist bäuerisch und veraltet.

4. Beim Grüßen stehen bleiben, die Hand reichen, anreden, fragen: „wie geht's?", „woher?", „wohin?" darf man nur bei vertrauten Freunden.

5. Auf den Straßen oder Promenaden essen, Alles bewundernd anstarren, „Maulaffen feil haben," Jemanden stoßen oder geniren ohne höflich um Entschuldigung zu bitten, viel und laut sprechen, mit den Händen gesticuliren, sich oder Andere im Gehen mit Koth bespritzen — das Alles sind Unarten, die man nicht einmal **Kindern** verzeiht.

6. Geht man mit Gesellschaft, so nimmt man den Höhern in die Mitte, dem Einzelnen gibt man die rechte Seite, der Dame bietet man **den Arm, der ihr am bequemsten ist** — auf dem Seitenwege läßt man dem Begleiter oder der Begleiterin die Seite an den Häusern, im Gehen richtet man sich nach ihren Schritten, läßt ihnen beim Ein- und Herausgehen den Vortritt.

7. Fährt man, so reicht man dem Begleiter die Hand und hilft ihm im Einsteigen, setzt sich stets auf den Vordersitz, sucht zuerst auszusteigen, um auch beim Aussteigen behilflich zu sein. Von einem sehr höflichen Mann sagt man, daß er im bedeckten Wagen — doch wohl nur mit Damen und in günstiger Jahreszeit — wie in einem Salon [Gesellschaftszimmer] unbedeckt bleibt.

Drittes Capitel.
In Gesellschaft.

Bei aller Tugend und Geschicklichkeit kann man ein unausstehlicher, widerwärtiger Mensch sein durch Mangel an Anstand und Lebensart. Wer eine gute Erziehung genossen hat, kennt die herkömmliche Sitte und beobachtet sie; Niemand, er sei noch so reich, hoch oder gelehrt, kann sich ungestraft darüber hinwegsetzen. Hören wir was in der guten Gesellschaft Sitte und Anstand erheischen.

I.
Von Besuchen.

1. Wir besuchen Vornehme, um ihnen unsre Achtung zu bezeugen oder für Etwas zu danken — unsre Freunde und Bekannte bei freudigen Veranlassungen, Neujahr und Namens- (Fest-)tagen, um sie zu beglückwünschen, bei traurigen Veranlassungen, um unser Beileid zu bezeugen, so wie aus bloßer Höflichkeit und Freundschaft; endlich ist es Sitte, nach einer stattgehabten Einladung einen Dankbesuch zu machen.

2. Hat man von Jemandem einen Besuch erhalten, so muß man denselben **in kürzester Frist** erwiedern. Es nicht thun, ist unhöflich; wird man nicht wieder besucht, so muß man in den meisten Fällen seine eigenen Besuche auch einstellen. — Alle Anstandsbesuche seien kurz; eine Viertelstunde dürfte das höchste Maß sein. Steht die Person, die wir besuchen auf, unter welchem Vorwand es auch sei, so erfordert es der Gebrauch, auch aufzustehen und sich zu empfehlen.

3. Bei jedem Besuche sei man so gut als möglich gekleidet. In nicht ganz anständiger Kleidung erscheinen, wäre eine Beleidigung. Bei Condolenz-Besuchen spreche man so wenig als möglich von dem Trauerfall (Tod, Proceß, Verlust etc.), und suche das Gespräch auf andere Gegenstände zu leiten. Bei Kranken sei der Besuch kurz, man spreche wenig und leise und nichts was den Patienten belästigen oder beunruhigen könnte.

4. Kommst Du an die Thüre, so reinigst Du zuerst die Fußbekleidung, schellst oder klopfst so sachte, daß Du nur eben gehört wirst, und wird auf wiederholtes Klopfen nicht geöffnet, so schiebst Du Deine Karte unter die Thüre hinein oder gibst sie im Hause ab und entfernst Dich. Wenn man noch so vertraut in einem Hause ist, so erlaubt es der

Anstand nicht, in ein Zimmer zu treten, ohne daß man sich vorher in irgend einer Weise angekündigt hat; selbst wenn man die Thür offen finden sollte, klopft man erst und wartet das „Herein" ab.

5. Ist man genöthigt, in einem Vorzimmer zu warten, so ist es unhöflich zu singen, pfeifen, die Möbel oder sonstigen Gegenstände zu berühren, zum Fenster hinauszusehen. Man setzt sich oder, noch besser, wartet stehend. Findet man beim Eintritt den Herrn des Hauses im Gespräch oder beschäftigt, so unterbricht man nicht, sondern wartet ruhig, abseits stehend. Tritt man in eine Gesellschaft, so grüßt man **zuerst** die Herrin und den Herrn des Hauses, dann die übrige Gesellschaft.

6. So lange der Besuch dauert, bleibt man **unbedeckt**, selbst wenn man zum Aufsetzen des Hutes aufgefordert wird. Den Hut behält man in der Hand, auf den Knieen, leicht und ungezwungen, und legt ihn erst dann, wenn man ernstlich dazu eingeladen wird, auf ein Möbel, selbst auf den Boden, nur nicht auf ein Bett. — Man setzt sich auch nur dann, wenn man dazu aufgefordert wird. (Siehe I. No. 12 c.)

7. Das **Weggehen** aus einer zahlreichen Gesellschaft geschehe so unbemerkt als möglich; man hat ja später Gelegenheit, seinen Dank auszudrücken. — Will der Besuchte uns beim Weggehen bis zur Thüre oder gar zur Straße begleiten, so weise man diese Ehre — so hochgestellt auch Jener sei — nicht dringend ab, unterlasse aber nie, diese Ehre lebhaft anzuerkennen und höflichst zu danken. — Unsre Besucher sollen wir immer bis zur Thüre oder Straße begleiten, und steigen sie in einen Wagen, so entferne man sich nicht, bevor sie Platz genommen. Damen reiche man die Hand, um ihnen beim Einsteigen zu helfen. — Geht ein Besucher weg und Andere bleiben, so begleitet man den Erstern nur, wenn er angesehener ist. Erhebt sich aber eine Dame, so geleite man sie **mindestens** bis zur Thüre. Abends läßt man eine Dame nie allein weggehen, man begleitet sie nach Hause oder läßt sie dahin führen.

8. Personen, die uns zu besuchen kommen, warten lassen, ist unhöflich; muß es durchaus sein, so beauftragt man eine andre Person des Hauses, sie zu empfangen und zu unterhalten, bis man selbst kommen und sich entschuldigen kann. Muß man einen Besuch unterbrechen, so entschuldigt man sich ebenfalls auf's Höflichste.

II.
Beim Mahle.

Man speise zu Hause oder auswärts, so beobachte man die Regeln des Anstandes und der guten Sitte. Um natürlich und ungezwungen zu sein, müssen diese Gewohnheiten zur zweiten Natur werden, und wer zu Hause an seinem Tische nachlässig ist, wird Fremden gegenüber es entweder auch sein, oder gezwungen und steif erscheinen.

1. Man geht nur mit **ganz reinen Händen** zu Tische. Es wäre unhöflich in einem fremden Hause, sich seinen Platz selbst zu wählen, man bleibt stehen und wartet, bis der Hausherr Jedem seinen Platz anweist. Bei Tische überwache man sich: setzt sich nicht zu nahe, nicht zu ferne von der Tafel; sitzt nicht mit gekrümmtem Rücken, lehnt sich nicht auf; man darf Nichts als die Hand bis zum Handgelenk auf der Tafel haben. Die Serviette breitet man auf die Kniee. Man beeilt sich nicht mit dem Entfalten der Serviette und wartet, bis Andere es gethan haben. Man bedeckt sich damit nicht bis an den Hals.

2. Die Sitte verlangt jetzt gebieterisch, **mit Messer und Gabel nicht zu wechseln**, sondern jenes stets in der rechten, diese in der linken Hand zu behalten. Bei Speisen, wie z. B. Pudding, die man **bloß** mit der Gabel nimmt, hat man natürlich Letztere in der Rechten. Des Messers mag man sich wohl als Nachhülfe bedienen und z. B. Gemüse damit auf die Gabel bringen, allein irgend eine Speise die man leicht mit der Gabel nehmen kann, mit dem Messer an den Mund zu führen, wäre unanständig. Vom allgemeinen Brode schneidet man nie mit dem eigenen Messer ab; ist kein reines Messer dafür auf dem Tische, so müßte man das seinige vorher wohl reinigen.

3. Wer Lebensart hat, wird nicht darauf trachten, zuerst bedient zu werden; man folgt lieber den Andern, vermeidet aber auch allzugroße Höflichkeit und bleibt in der Reihe. Sich „guten Appetit" zu wünschen, gehört nicht mehr zum guten Ton. Seine Suppe schlürfe man ja nicht mit Geräusch, blase nie darauf, vermeide beim Kauen jedes Geräusch, lasse das Couvert ruhig durch die Dienerschaft wechseln, halte Messer und Gabel nie aufrecht, oder gesticulire gar damit.

4. Man sei mäßig, namentlich im Trinken; junge Leute schenken das Glas nie voll, bringen es nicht mit den beiden Händen zum Munde, legen Knochen, Gräthen etc. stets auf den Rand des Tellers, rühren

Nichts mit dem Finger an (z. B. Salz, Pfeffer etc.), blicken nicht begierig nach dem oder jenem Gerichte, und sehen den Tischgästen nicht auffallend im Essen zu.

5. Findet man irgend eine Unreinlichkeit, so entfernt man sie so still und unbemerkt als möglich; man genirt seine Nachbarn nicht, sondern sucht ihren Wünschen (nach Salz, Brod etc.) zuvorzukommen. Sprich nicht zuviel, am wenigsten vom Essen selbst, lache nicht laut auf, scheine aber auch nicht allzuernst im Geschäft des Essens vertieft, mache keine Brodkügelchen, noch weniger wirf damit.

6. Vom Nachtisch ist es erlaubt zu wählen; doch berühre die Teller selbst nicht, wofern sie nicht herumgehen oder Du sie einem Nachbar reichen willst; Obst zerschneide und schäle; stochere nicht in den Zähnen, am wenigsten mit Messer oder Gabel; sei nicht der Letzte am Essen, doch warte mit dem Aufstehen, bis der Hausherr dazu das Zeichen gibt.

7. Sich gleich nach Tische zu entfernen ist unartig. Der Anstand erfordert, wohl noch eine Stunde da zuzubringen, wo wir zu Tische gebeten waren. Wer Lebensart hat, verfehlt nicht im Laufe der nächsten 8 Tage seinen Dankbesuch abzustatten.

III.
In der Conversation oder Unterhaltung.

In England und Frankreich bestrebt sich Jedermann, seine Sprache schön und richtig zu sprechen; bei Deutschen in Amerika gilt es leider! bei jungen Leuten, in gewissen Kreisen, für affectirt, reines Deutsch zu sprechen. Das ist ein **großer** Fehler. Bestrebt Euch, immer gut und richtig zu sprechen, das ist das wahrste Kennzeichen einer guten Erziehung und eines wirklich gebildeten Menschen, läßt sich aber auch nur durch Uebung und im Umgang mit Gebildeten erlangen.

1. Ist es eine große Kunst zu **reden**, so ist es eine noch größere zu **schweigen** und zuzu**hören**. Manche Menschen wollen nur immer **sich** hören, **ihre** Weisheit auskramen. Plaudere nie albern in den Tag hinein, schweige wenn Du nichts Ordentliches zu sagen weißt. Du wirst immer gefallen und selbst für unterhaltend gelten, wenn Du dem Gespräche Anderer Geduld und Aufmerksamkeit schenkst.

2. **Unterbrich nie**, lasse ausreden; antworte nie mit bloßem „Ja" oder „Nein", noch viel weniger mit Geberden statt mit Worten; bewege

beim Sprechen den Körper und seine Glieder nicht, mache keine Gesticulationen; sieh' den Leuten beim Sprechen in's Gesicht, aber starre sie nicht an. Schwören oder Fluchen ist eine sehr große Gemeinheit und verräth Mangel an Erziehung. In Gesellschaft mit Jemandem flüstern oder sich einer Sprache bedienen, die nicht **Jeder** in der Gesellschaft versteht, ist ebenfalls sehr unhöflich.

3. Mache Dich nicht zum beständigen Spaßmacher oder zum ewigen Neuigkeitskrämer einer Gesellschaft; lache nie laut oder zu lange und nie über Deinen eignen Witz. Hüte Dich, in der Unterhaltung Etwas zu erwähnen, was Anwesende verletzen oder demüthigen könnte. Dahin gehört z. B. von Gebrechen zu reden, die Jemand der Anwesenden selbst besitzt, ein Vergehen zu berühren, das Jemand in der Gesellschaft selbst begangen hat u. s. w.

4. Lächerlich ist es, von sich selbst, von seinen Thaten, seiner Geburt, seinen großen Geschäften zu sprechen; sich mit Dem und Jenem zu vergleichen; Vergleichungen sind immer mißlich. Eben so langweile Niemanden mit Klagen über den Zustand Deiner Gesundheit. Sprich nicht oft von Deinen Erfahrungen, Erlebnissen, Reisen, Du setzest Dich sonst der Lächerlichkeit aus, Erzähltes zu wiederholen und Deine Zuhörer zu langweilen; lobe Dich und die Deinigen nie, ebenso wenig sprich Tadel gegen Dich oder Jemanden von Deiner eignen Familie aus.

5. Vermeide sorgfältig jede Unwahrheit, jede Zweideutigkeit oder Zote! Erzähle nicht jedes Gerücht sogleich nach. Versprich nicht viel, aber halte pünktlich Deine Zusage. Sprich nie Uebles von Deinem Nächsten und mache Dich nicht so lächerlich, über eine Person, die eben die Gesellschaft verlassen, Dich tadelnd zu äußern; nimm Abwesende in Schutz. Verleumde nie! Schweige von Dingen, die Du nicht kennst oder nicht verstehst.

6. Eine unverzeihliche Grobheit wäre es, wenn man Jemandem widersprechen **muß**, zu sagen: „Sie lügen;" „das ist nicht wahr;" „Sie wissen nicht was Sie sagen" — solche und ähnliche Ausdrücke gebraucht kein wohlerzogener Mensch. Ein durchaus nöthiger Widerspruch muß immer in die höflichste Form gekleidet werden; z. B. „Sie möchten Recht haben, allein Sie übersehen wohl"... oder „Erlauben Sie mir, Ihnen zu bemerken"... „Verzeihen Sie, daß ich Ihnen sagen muß"... u. dgl. — Sei auch nie hart und absprechend in Deinem Urtheil; behaupte und vertheidige Nichts mit Hartnäckigkeit

und Eigensinn. Werde nie grob oder gemein, nie zu enthusiastisch und heftig im Gespräch! Werden es Andere, so setze Deine Gründe und Beweise ruhig aus einander und dringst Du nicht durch, so unterlasse den Wortstreit, schweige lieber oder entferne Dich.

7. Allerdings gibt es Fälle, in welchen **Complimente** erlaubt, ja erwartet und nöthig sind; sie müssen aber stets einfach und natürlich sein; weitschweifige, hochtrabende Redensarten sind abgeschmackt und lächerlich. Empfange Complimente mit Bescheidenheit und weise sie nie unfreundlich ab.

8. Nichts ist in der Conversation lästiger, als ein ewiges Fragen über die kleinsten Dinge oder über das was Dich nichts angeht. Die Fragen über Woher? Wohin? oder gar darüber, was Jemand gethan hat oder zu thun gedenkt, sind unartig. Angesehene Personen zu **befragen**, erlaubt der Anstand nur ganz ausnahmsweise und unter den höflichsten Ausdrücken. Kommt man in Gesellschaft zu einem angefangenen Gespräch, so erlaubt der Anstand nicht, zu fragen, wovon die Rede sei; aber die Höflichkeit fordert, den Eintretenden mit dem Inhalt des Gesprächs in Kürze bekannt zu machen. Manche Personen haben die leidige Gewohnheit, jedem ihrer Sätze ein ungezogenes: „Verstehen Sie mich?" beizufügen, oder die noch leidigere, durch unaufhörliches: „Wie, Wie?" den Sprechenden alles Gesagte wiederholen zu lassen. Letzteres darf nur höchst ausnahmsweise und mit der größten Höflichkeit geschehen.

IV.
Bei einigen besondern Gelegenheiten.

1. Hat man irgend eine **Einladung** angenommen, so ist sehr unhöflich, ohne ausdrücklich gemachte Entschuldigung wegzubleiben oder sich **erwarten** zu lassen.

2. Wird man in Gesellschaft zum **Singen** oder **Musiciren**, zu einem Vortrag oder dgl. aufgefordert, und kann man es, so steht es übel an, uns sehr bitten zu lassen; man gebe der Aufforderung willig nach und nehme gespendeten Beifall mit Bescheidenheit hin.

3. Bei jedem **Darreichen** oder **Annehmen** in der Gesellschaft verneige man sich leicht. Man reiche oder nehme Nichts in **der** Weise, daß man mit dem Arm an Jemandem vorbeilangt oder über Gerichte

hinwegfährt; lieber bitte man seinen Nachbar, uns das Gewünschte (gefälligst) zukommen zu lassen.

4. Läßt Jemand Etwas **fallen**, so fordert es die Höflichkeit, sich rasch zu bücken und es aufzuheben. — Sich des Ofens oder Kamins zu bemächtigen und sich mit dem Rücken daran zu wärmen ist unhöflich.

5. **Macht** man ein **Geschenk**, so spreche man später nie mehr davon und vermeide ganz besonders, den **Preis** zu erwähnen. Die **Art** des Gebens soll dem Geschenk den besten Werth verleihen. Auch eine Kleinigkeit nimm mit Freundlichkeit entgegen. Hast Du einen Schirm, ein Taschentuch oder dgl. entlehnt, so beeile Dich, das Entlehnte dankend zurückzusenden. Wäsche gibt man nie in unreinem Zustande zurück.

6. Auf **Reisen** sei gefällig! Falle nicht lästig durch langweiliges Fragen oder durch ewiges Klagen; biete Damen oder ältern Leuten den bequemern Platz an. Hüte Dich vor Vertrautheit mit Personen, die Du nicht genauer kennst. Bewundere nicht Alles und Jedes, **noch viel weniger tadle immer**! In der Fremde sprich immer mit Achtung oder Zurückhaltung von den Gesetzen, Sitten, von der Religion. Suche nie lächerlich zu machen, was Andern heilig oder ehrwürdig ist und betrage Dich besonders achtungsvoll in Kirchen und bei religiösen Ceremonien.

7. Beim **Spiel** sei fröhlich aber nicht ausgelassen. **Lautes Gelächter** ist eine sehr üble Gewohnheit. Immer und über Nichts zu lachen ist dumm, laut aufzulachen ist unfein und verräth Mangel an Erziehung.

8. Wird man zu einer **Beerdigung** eingeladen, so kann man sich ohne sehr triftige Gründe nicht davon lossagen. — Für einen nahen Verwandten legt man Trauer an. So lange die tiefe Trauer dauert, wäre es sehr unschicklich, öffentlichen Vergnügungen beizuwohnen.

9. In **Briefen** sei noch höflicher als in der Conversation; je rascher Du einen Brief beantwortest, desto mehr Höflichkeit und Achtung bezeugst Du. Nimm stets einen **ganzen** Bogen Briefpapier; in Geschäftsbriefen stehe der Datum oben am Anfange, in Briefen an Höhere unten, links der Unterschrift. Nach der Anrede: „Hochgeehrtester Herr!" „Verehrte Frau!" und vor der Unterschrift: „Ihr ergebenster" oder „ergebenster Diener" lasse man, je nach der Achtung, die man bezeugen will, mehr oder weniger freien Raum; dagegen ist es in freundschaftlichen Briefen guter Ton geworden,

keinen freien Raum zu lassen. Angesehenere Personen darf man nicht mit Grüßen oder Empfehlungen an Andere beauftragen, so wie man Flecken, Radirungen, Zusätze und Nachschriften vermeiden muß. Jeder Brief wird couvertirt. Seit der Einführung mit Postmarken ist die Frankirung der Briefe allgemein geworden. Kinder, kleine oder große, müssen nie vergessen, am Neujahr und Namens- oder Geburtstagen **die Eltern schriftlich zu beglückwünschen**.

Schlußwort.

Dieß sind die vorzüglichsten Regeln der Höflichkeit, die Ihr, meine jungen Freunde, Euch nicht früh genug einprägen könnt. Denn von allen Zierden der Jugend ist die Höflichkeit die wohlfeilste und doch zugleich diejenige, durch welche man sich am meisten beliebt machen kann. „Gebückt, gebückt, mit dem Hut in der Hand, so kommt man durch's ganze Land" — dieß war der Wahlspruch unsres großen Landsmannes, Benjamin Franklin, der es mit diesem Grundsatz der Höflichkeit, wie Euch bekannt ist, vom armen Buchdruckerlehrling zu einem der angesehensten und berühmtesten Männer seiner Zeit und seines Landes, nein! **aller** Zeiten und **aller** Länder, gebracht hat. Lasset mich Euch zum Schlusse aus meiner eignen Erfahrung eine Thatsache mittheilen, wo das höfliche Betragen eines Knaben der Grundstein seines Glückes wurde, eine Thatsache, die sich im geselligen Leben schon sehr oft wiederholt hat.

In meiner Vaterstadt St. Louis lebte — nun, er lebt noch, der würdige Mann und Ihr müßt mir daher gestatten, ihn ohne Namen zu belassen — ein tüchtiger, viel beschäftigter Arzt, der eines Tages auf dem Weg zu einer Farm war, wo die bekümmerten Eltern seine Kunst für ein plötzlich und heftig erkranktes Kind in Anspruch genommen hatten. Es sind schon viele Jahre her und damals war die Gegend um meine Vaterstadt noch nicht mit den guten Straßen und Wegen versehen wie jetzt, und unser Doctor, obgleich er sich den rechten Weg zu seinem Patienten genau hatte beschreiben lassen, verirrte sich bei einem abscheulichen Wetter auf seinen Gang in den „Busch." Glücklicher Weise traf er endlich auf eine ziemlich zahlreiche Gesellschaft von Knaben und Mädchen, die in der Nähe einer Farm sich lärmend herumtummelten. Unser Doctor fragte freundlich nach seinem Wege; allein keines der Kinder wollte ihm den Weg zeigen, der allerdings wegen des schlechten Wetters nicht eben sehr angenehm war. „Ich gehe nicht mit," sagte das Eine; „ich auch nicht," meinte das Andere, „da müßt ich ein Thor sein, durch den nassen Wald zu traben." In diesem Augenblicke kam ein armer kleiner Junge herzu — Hermann M. hieß er und Mancher meiner Leser kennt den jungen Mann recht wohl — und kaum hörte er, was der Doctor wollte, so grüßte er ihn freundlich und bot sich zum Führer an. Unterwegs fragte der über das höfliche Benehmen des Knaben erfreute Arzt unsern Hermann mancherlei und überzeugte sich bald durch seine Antworten wie durch sein ganzes Benehmen, daß der Junge ein intelligenter, offener Kopf sei, der nur durch die große Armuth seiner Eltern vom Lernen und damit von der Begründung seines zukünftigen Fortkommens abgehalten wurde. Er zog noch nähere Erkundigungen ein, nahm dann den Knaben in seine Apotheke, unterrichtete ihn zum Theil selbst und ließ ihn später die medizinische Hochschule in St. Louis absolviren. Heute ist Hermann M. eine viel genannte, weit und breit bekannte Persönlichkeit, ein Muster der Menschenfreundlichkeit, des Wohlwollens und der aufopferndsten Hingebung für das Wohl besonders des armen Theils seiner Mitbürger, und zählt, trotz seiner Uneigennützigkeit, zu den wohlhabendsten Bürgern seiner „County." Einer einfachen Handlung von Höflichkeit und guter Sitte verdankte Herr M. sein Glück und Amerika vielleicht einen seiner besten Söhne.

Wohl wird nicht jede Höflichkeit in so eclatanter Weise sich belohnen, aber gewiß ist und bleibt es: der Höfliche wird sich stets und allenthalben beliebt machen, während man den groben, unhöflichen Burschen eben mit Verachtung seine Wege gehen läßt, die ihn gewöhnlich zu Auszeichnungen ganz anderer Art führen.

9 789356 708969

Printed at Repro India Ltd.